新装改訂版

アベレージ**200**をめざす！

ボウリング

最強入門 バイブル

動画付き

姫路麗 監修

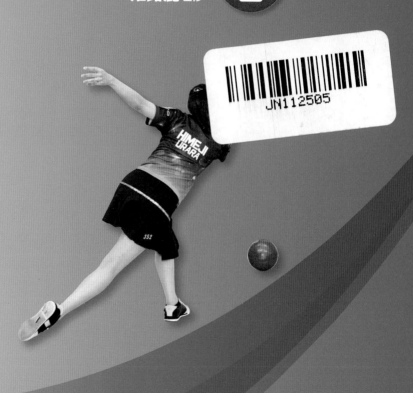

メイツ出版

監修 姫路麗

ひめじうらら

　19 歳の時にプロボウラーの北野周一氏に弟子入り。2000 年にプロテストに合格し、プロ入りする。JPBA33 期ライセンス No.352、優勝 31 回（公認パーフェクト 14 回）。

　2008 年、2015 年、2019 年、2020 － 2021 年、2022 年は JPBA のポイントランキング・賞金ランキング・アベレージランキングでトップとなり 3 冠王を獲得。女子プロボウラー界で長年に渡りトップを走る実力派選手。

ボウリングの魅力を満喫して スコア 200 を目指そう！

　ボウリングは老若男女、性別や年齢を問わず、おじいちゃん・おばあちゃんでもお孫さんと一緒に楽しめるスポーツです。ファミリーのレジャースポーツとしてはもちろん、ある程度のレベルになれば競技スポーツとしても楽しむことができるのが特徴です。

　小さい子どもが、紙をビリビリに破いてしまったり、食べ物をグチャグチャにしてしまうのは、人間にある破壊本能が起因していると言われています。まさにボウリングは、その本能が満たされるスポーツで、キレイに整列している 10 本のピンが、「ガシャン！」とすべて倒れたときの爽快感は例えようがありません。

　本書はボウリングをはじめてプレーする人が、上級者の入り口であるアベレージ 200 を目指すための本です。効率よくスキルアップするためのノウハウを順序立てて解説していますので、二次元コードから視聴できる動画とあわせてチェックしてください。

　この本が読者のみなさんの「ボウリングの楽しさ・魅力」を深く知る、一助となれば幸いです。

コツ
00

ボウリングに必要な５大要素を意識してスコア200を目指そう！

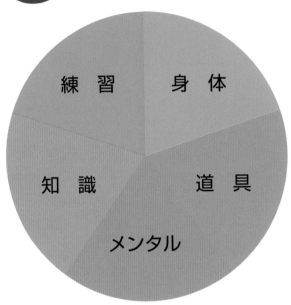

ボウリングに必要な５大要素とは？

ボウリングを上達するために必要な要素としては、正しいテクニックを理解するための「知識」、それを再現するための強い「身体」、スキルを身につけるための「練習」と自分にあった「道具」選び、そして本番で力を発揮するための「メンタル」に大別される。

「心技体」をボウリング向けに置き換えた５大要素

　本来、スポーツ上達には「心技体」の充実が必要といわれている。プロボウラーとして常にトップを走る姫路麗は、心技体を別の言葉に置き換えて実践している。「心」はメンタル、「技」はテクニックであり知識、「体」は身体、コンディショニング。これに加え投球の精度を左右する道具、メンタルと身体、知識を一致させて身につけるための練習。これらに対してアプローチし、スキルアップしていくことが上達の近道という。

　本書の各 PART は「知識・道具・身体・メンタル・練習」というテーマごとに解説している。多くは知識（＝テクニック習得）にページを割いているが、スコア 200 を達成するためのコツは、すべて網羅されている。どれでも良いのでコツコツ、チャレンジしてみよう。

知識　テクニック

PART 1 3 6 8 へ

道具　マイボール・マイシューズ

PART 2 へ

身体　コンディショニング

PART 4 へ

メンタル　力を発揮する

PART 5 へ

練習　トレーニング方法

PART 7 へ

5つの要素を
意識して
スキルアップ！

この本では、ボウリングでアベレージ200を目指す人に向けたフォームづくりやテクニック、トレーニング等を解説している。

これからボウリングをはじめようとしている人はもちろん、すでにはじめて伸び悩んでいる人や上級者を目指し、大会などにも参加している人でもスキルアップできる内容となっている。

上達に必要な技術やフォームの注意点、うまくなるための考え方を解説しているので、読み進めることで着実にレベルアップすることができる。克服したいという苦手な項目があれば、そこだけをピックアップしてチェックすることも可能。各ページには、紹介している「コツ」があげられている。

タイトル
このページでマスターするコツとテクニック名が一目でわかる。上達に必要なテクニック、考え方を理解しよう。

ハウスボールの投球②

コツ
08

ボールの軌道を
腕の範囲におさ

手と足の動きを
一致させて投球する

投球動作のメカニズムを理解するうえでも「手と足の動き」を一致させるイメージを持つ。まずアドレスから左足を一歩踏み出し、右足二歩目でボールを前に突き出し、重みを使って自然におろす。そこから左足三歩目の腕を後ろにバックスイングでは、必要以上に力を入れ過ぎず腕の範囲内にボール

をおさめ
右足四
ところか
は、前に
ライドさ
に重心移
でボール
らフォ□

26

解説
タイトルと連動してレベルアップするための方法や手順、考え方を解説。じっくり読んで頭で理解しよう。

Point 1

力が入り過ぎると
スイングの軌道がブレる

強いボールを投げることを意識するあまり、三歩目のバックスイングで必要以上に力が入ってしまうと肩が動いてしまう。そこからフォワードスイングに入ってもスイングの軌道がブレる。

Point 2

一歩一歩を正確に
助走を行う

ハウスシューズの場合、靴底にゴムがついていないため滑りやすいので助走は一歩一歩正確に行う。特に五歩目に入るときの踏み込みは、しっかりとれないので無理にスライドさせず重心移動する。

MOVIE CHECK!

大切。
こ腕があがりきった
ワードスイングで
ながら、左足をス
目で後ろ足から前足
ースはできるだけ前
バランスを保ちなが
をとる。

Point 3

リラックスした構えから
アプローチに立つ

ボールを持った側の肩をややさげて、両足を揃えて立つ。右手にボールを持ち、左手は支えるようにしてボールと目線をスパットにあわせること。肩やヒジに力が入らないようリラックスして構える。

＋ワンアドバイス

1番ピンからのスパットに
狙いをつける

ハウスボールの場合、ボールの軌道を大きく曲げることは難しい。基本は1番ピンに対してのスパットに狙いを定めてボールを投じることが基本。リリースではスパットに　　して、まっすぐボールが通る腕をスイングさせる。

27

CONTENTS

※本書は 2018 年発行の『アベレージ 180 を超える！ボウリング 最強入門バイブル』を元に、動画・画像のすべてと一部コンテンツを更新し、書名と装丁の変更を行い、「新装改訂版」として新たに発行したものです。

PART 7　上達するためのトレーニング

PART 8　大会に参加してレベルアップする

【二次元コードとは】
　二次元コードは白黒の格子状の情報をスマートフォンや携帯端末、タブレットなどを使い読み取ることで、複雑な URL を入力することなく、サイトのリンク先が表示できる。読み取りソフトは「App ストア」、「Play ストア」等からインストールし、携帯端末等のカメラ機能から二次元コードを読み取ることができる。

スタッフ　　カメラ 上重泰秀　八木仁 ／ デザイン さいとうなほみ ／ 編集・執筆 株式会社ギグ

　各ページで紹介している二次元コード付のテクニックは、映像で見ることができる。タイトルの横にある二次元コードから該当のテクニックが見られるインターネットのサイトにアクセスしよう。

リーダーを起動し QR コードを読み取る。

URL が表示され、タップすると動画の視聴ページに移動する。

URLを入力する場合　https://gig-sports.com/bowling-new-all/

PART
1

ハウスボールで
投げてみよう！

※二次元コードを読み込むことで
本章のダイジェスト動画が視聴できる。

コツ 01 上達にあわせて ボールを変える

初心者はハウスボールで アベレージ100超を 目指す

　ボウリングをはじめてプレーする人は、まず実際にボールを投げてみることがスタートとなる。ボールには「ハウスボール」と「マイボール」があり、それぞれの特徴やメリット、デメリットを理解したうえでプレーする必要がある。

　ハウスボールは、ボウリング場にあるレンタル用のボールであり、レジャー向けに作られたもの。一方のマイボールは、自分のスキルや手のサイズにあわせて作ったもので、ジャストフィットする。そのため、ハウスボールよりもマイボールの方がスコアは伸びることは間違いない。しかし、初心者がいきなりマイボールを作ってしまうのは、負担になりかねない。本書では、まずハウスボールを投げてみて、ボウリングの爽快感を味わいつつ、基本的なフォームをマスターしていくことをおすすめする。

　確かにハウスボールは機能的にもポテンシャルが高くない。しかし「スパットを狙って投げる」「足元のドットを計算して投げる」「一番ピンに確実に当てる」「スペアをカバーする」というスコアアップに必要なテクニックを十分にマスターできる。

　まずは正しい基本フォームをしっかり身につけ、アベレージ100〜130が安定的に出せるようになったら、いよいよマイボールに切り替えて、さらに上達のスピードをアップさせていくことが大切だ。

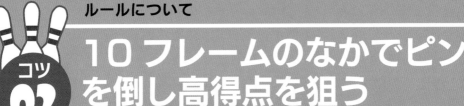

コツ 02

10フレームのなかでピンを倒し高得点を狙う

10本並んだピンを
効率よく倒していく

ボウリングは1フレームで2回投げる。1投目で10本並んだピンを全て倒すとストライクになり、その場合は2投目がなくなり、次のフレームになる。1投目でピンが残り、2投目ですべて倒すとスペアになる。

倒したピンの数が得点になるが、ストライクやスペアでは、プラスアルファの加算点がある。ゲームは10フレームで終了になる。

ボールはレーンの上を転がりながら、ピンを倒さなければならない。レーン横にあるガターに落ちてしまうと、ピンを倒すことができない。ガターに落ちてはねかえって戻りピンを倒しても得点にはならない。

Point 1

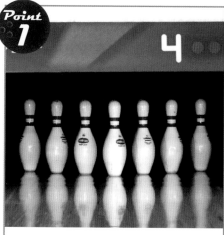

1回のゲームは
10フレームで行う

　1回のゲームは、10フレームで行う。最終10フレームはスコアの枠が3つあり、ストライクをとると続けて2投、スペアであれば1投をプラスして投げることができる。

Point 2

1投目で全て倒すストライク
2投目で全て倒せばスペア

　2投目で全てのピンを倒すとスペア、1投目で全てのピンを倒せばストライクになる。2回連続ストライクはダブル、3回連続はトリプル（ターキー）といい、それぞれに加算得点がある。

Point 3

ガター

レーンサイドの
ガターに落ちるとノーカウント

　レーンの両サイドにはガターと呼ばれる溝がある。ガターに落ちるとピンを倒すことができなくなり、得点が得られない。一度ガターに落ちたボールがはねかえりピンを倒しても得点にはならない。

＋プラスワンアドバイス

スペアやストライクで
ボーナス得点を狙う

　得点は倒したピンの数でカウントされるが、スペアの場合は次の1投目＋10、ストライクであれば、次の2投の合計＋10がカウントされる。スペアやストライクをうまくとり、ボーナス得点を狙おう。

コツ 03

レーンの構造を知り投球に生かす

レーンの印を目印にしてピンを多く倒す

ボウリング場は、助走をするアプローチとボールが転がるレーンで構成されている。アプローチは15フィート（約4m57cm）で、レーンはファールラインから1番ピンまでが60フィート（約18m28cm）という規格になっている。

アプローチとレーンはファールラインで区切られていて、投げるときにファールラインを踏み越えてしまうとファールとなり得点されない。

レーンにはスパットという三角の目印があり、これを使いボールのコントロールを定めることができる。上手に活用すれば、レーンの先にある10本のピンを効率良く倒すことができる。

Point 1

レーンに塗られている
オイルの状態で投球に差がでる

レーンにはオイルが塗られてあり、その形や量によりボールの転がりに違いが出てくる。オイルが多いとボールが滑り曲がりにくくなり、オイルが少ないと摩擦で曲がりやすい傾向がある。

Point 2

スタンスドットに
足を合わせて立つ

アプローチにはスタンスドットと呼ばれる点が横に並んで印してあり、投球のスタートの立ち位置の目安になる。真ん中のドットは1番ピンと同じ板目に印されている。

Point 3

ピンではなくスパットを狙い
コントロールを安定させる

レーンの三角形はスパットといい、V字型に7つ配置されている。投球時の目印で、スパットを狙うと約18m先のピンに正確にコントロールできる。真ん中のスパットは1番ピンの同一線上にある。

プラスワンアドバイス

マナーを心がけて
ボールリターンを使う

投げたボールをアプローチ付近まで戻すマシーンを「ボールリターン」という。レーンを使うプレーヤー同士で使うので、一人で複数のボールを置くなど占有しないようにする。

コツ 04 軽く腕を振り投げやすい ハウスボールを探す

ボールの重さは1ポンド（0.45kg）で表示され、大抵6～16ポンドの幅でハウスボールが用意されている。15ポンドは約6.8kg。

誰にでも使える仕様の ハウスボール

ボウリング場で貸し出されるハウスボールは、誰でも使うことができるので、左右どちらの利き腕にも対応したつくりになっている。

ハウスボールを選ぶときは、自分に適した重さを考慮する。目安は体重の10分の1といわれるが、実際に持ってみて、少し重いと感じる程度が理想

となる。

同じ重さでも、ボールによって指穴の大きさや間隔が異なっている。重さを決めたら指穴が合うボールを探し、実際に指を入れてみよう。ボールの重さや指穴がある程度自分にあっていないと、握力を必要以上に使ったり、腕自体が疲れてしまう。

Point 1

少し重いと感じる
重さのボールを選ぶ

　ボールの重さはポンドで表記されている。女性は 11 ポンド（約 4.9 キロ）以下、男性は 12（約 5.4 キロ）〜 15 ポンド（約 6.8 キロ）が目安になる。実際に持ってみて、少し重いと感じるのが理想になる。

Point 2

ハウスボールの指穴は
誰でも入る形状でつくられている

　ハウスボールの指穴は、右利きでも左利きでも使えるように二つの穴が横に並んでいる。一方のマイボールは右利き用では中指の穴が少し上にある、というように自分にあったつくりになっている。

Point 3

ハウスボールはコア（重り）が
ないので曲がりにくい

　ハウスボールはプラスチックやウレタンなどで内部も同じ素材でつくられている。マイボールはウレタンに添加物を加えたリアクティブなどの素材で中にコア（重り）があるので曲がりやすい。

＋プラスワンアドバイス

親指と中指、薬指を入れてみて
フィットするものを選ぶ

　ボールの穴は、親指を根本まで入れてきつくもなく、緩くもないものを選ぶ。親指がクルクルまわるように動かせるか、中指と薬指が第二関節まで入るかどうかも確認しよう。

準備

ゲームスタートに備えて 準備をする

準備を整え ゲームスタートに備える

　自分に合うハウスボールを選んだら、まわりに注意しながら軽く前後に振り、ボールのフィット感と投げるイメージをチェック。重すぎたり軽すぎたりせず、違和感がないならレーンへ。

　ボウリング場では専用のシューズを履かなければならず、レンタルの場合はハウスシューズを借りる。試し履き

で自分に合うサイズを決める。ハウスシューズは滑りやすくなっているので、投げる前にアプローチを歩いてシューズの感覚を確かめておくこと。

　ゲーム前にはストレッチで体をほぐしておくことが大切。重いボールをスムーズにスイングするためには、体を温め動きやすい状態にしておく。

Point 1

ハウスシューズは
小さいサイズから試してみる

　ハウスシューズは通常の靴のサイズよりワンサイズ小さいのが目安だが、実際に履いて足に合うものを選ぼう。マイシューズのように靴底にゴムが使用されていないので、滑りやすくなっている。

Point 2

指定されたレーンで
投球前の準備をする

　受け付け後、ボールやシューズを選んで指定されたレーンへ行く。ボールリターンにボールを置き、必要に応じて指の滑り止めパウダーや指を保護するフィンガーテープなどのアイテムを用意しておく。

Point 3

腕や肩関節を中心に
体の柔軟性を高めておく

　ゲームを始める前には、ストレッチで体をほぐしておく。腕や肩関節を中心に、足腰など体の柔軟性を高めることで、動作がスムーズになる。ストレッチの方法は P76 を参照。

プラス ワンアドバイス

ゲーム開始の準備を確認
してからアプローチに立つ

　ゲームがスタートする前には、ピンが10 本並びスコアの用意がされているかなど準備が整っているかを確認。サイドのレーンのアプローチに立っている人がいなければ、投球動作に入ろう。

コツ
06

自分に適したフォームを探しレベルアップする

無駄な力を使わない
適切なフォームを身につける

　ボウリングをレジャーや競技として楽しむためにも、自分に適したフォームを見つけることが大切。そのためには、自分の骨格や筋力、筋肉の柔軟性を把握すること。そこから自分にあったフォームのお手本となる上級者やプロに学んでいくことでレベルアップする。

　適切なフォームを見つけるためには、

ボウリング場で行われるプロのレッスンを受けることもおすすめだ。

　投球は利き腕の違いにより、立ち位置やボールの軌道に違いがでてくる。また、この本では片手で投げることを基本としているが、最近では両手で投げるプロやトップレベルのアマチュア選手やジュニアも多数もいる。

Point 1

利き腕の違いにより
立ち位置や軌道の違いを知る

　右利きは右側、左利きは左側からボールがリリースされるので、立ち位置やボールの軌道が違う。スイングの大きさや筋力の強さによっても変わるので、自分のリリースポイントを確認する。

Point 2

球質の違いにより
ボールの軌道が変わる

　ボールの球質はまっすぐに進むストレートやストレートからピンそばで曲がるフックボール、リリース後に弧を描くように曲がるカーブ、フックボールとは逆に曲がるバックアップボールなどがある。

Point 3

回転数がアップする
両手投げ

　ボールは片手で投げるのが主流だが、親指以外の指2本だけを入れて両手で投げるフォームもある。この投げ方は、回転数があがり、強いボールを投げることができる。

＋プラス ワンアドバイス

体力や体格の差を考えて
フォームを見直す

　力が弱い人は、ボールの重さを利用して遠心力を使って投げる。逆にパワーのある人は力を生かしつつ、正確にコントロールできるフォームを身につける。体力の違いでもフォームはかわってくる。

コツ 07 前傾姿勢から腕をスイングさせる

投球動作のポイントを意識してボールを投げる

MOVIE CHECK!

基本的な投球フォームにおいて、ポイントになる部分を確認しよう。ボールを持って構えた「アプローチ」からスタート。ボールを下におろす「プッシュアウェイ」から「ダウンスイング」に入り、自分の背中側に引く「バックスイング」という動作を行う。

引いたところから前方に腕を振る「フォワードスイング」に入り、ボールに勢いをつけるため、後ろ足から前足に重心移動する「スライド」から、「リリース」でボールを離し、最後に「フィニッシュ」で終えるのが一連の投球フォームとなる。まずはひとつひとつの動作や形を意識して、一番ピン（スパット）を目掛けて投球してみよう。

前傾姿勢を維持して ボールを投げる

アプローチから前傾姿勢を維持し、投球すること。そうすることで目線の上下が小さくなり、コントロールがブレにくくなる。バックスイングしたときもより高い位置にボールを収めることができる。

ボールと目線を 目標に合わせて立つ

アプローチではボールを持つ腕側に体を傾け、スパットに対してボールと目線をしっかり合わせる。胸の前でボールを構えてしまうと、ダウンスイングで腕の軌道がブレてしまう。肩の前で構えることがおすすめ。

コツ 08 ボールの軌道を 腕の範囲におさめる

手と足の動きを 一致させて投球する

MOVIE CHECK!

投球動作のメカニズムを理解するうえでも「手と足の動き」を一致させるイメージを持つ。まずアドレスから左足を一歩踏み出し、右足二歩目でボールを前に突き出し、重みを使って自然におろす。そこから左足三歩目の腕を後ろにバックスイングでは、必要以上に力を入れ過ぎず腕の範囲内にボールをおさめることが大切。

右足四歩目で後に腕があがりきったところからのフォワードスイングでは、前に振りおろしながら、左足をスライドさせて五歩目で後ろ足から前足に重心移動。リリースはできるだけ前でボールを離し、バランスを保ちながらフォロースルーをとる。

Point 1

×

力が入り過ぎると
スイングの軌道がブレる

　強いボールを投げることを意識するあまり、三歩目のバックスイングで必要以上に力が入ってしまうと肩が動いてしまう。そこからフォワードスイングに入ってもスイングの軌道がブレる。

Point 2

一歩一歩を正確に
助走を行う

　ハウスシューズの場合、靴底にゴムがついていないため滑りやすいので助走は一歩一歩正確に行う。特に五歩目に入るときの踏み込みは、しっかりとれないので無理にスライドさせず重心移動する。

Point 3

リラックスした構えから
アプローチに立つ

　ボールを持った側の肩をややさげて、両足を揃えて立つ。右手にボールを持ち、左手は支えるようにしてボールと目線をスパットにあわせること。肩やヒジに力が入らないようリラックスして構える。

⁺ワンアドバイス

1番ピンからのスパットに
狙いをつける

　ハウスボールの場合、ボールの軌道を大きく曲げることは難しい。基本は1番ピンに対してのスパットに狙いを定めてボールを投じることが基本。リリースではスパットに対して、まっすぐボールが通るよう腕をスイングさせる。

ボウリング場のマナーについて

周囲に配慮して楽しくプレーしよう

　ボウリング場は楽しくプレーするレジャーの場ではあるが、1球1球集中して投げる競技の性質上、まわりで騒がないことが基本のマナーである。

　コントロールが乱れてスコアが伸びないと、ボウリングの面白さも半減してしまう。自分の投球でないときは大声を出さず、プレーしている人の邪魔をしないことを心がけよう。

　また投げるときは、隣のレーンで構えに入り投げようとしている人がいないかを確認すること。隣同士のレーンで同時に投げると、投球時に体やボールが触れる危険性があり、投球自体に集中して投げることができないなどの理由があげられる。

　ピンの倒れ具合やボールの軌道は必要な情報なので、その行方をアプローチで見て構わないが、ボールがピンに当たったら速やかに戻り、隣のレーンや自分の次の人がすぐに投球できるように配慮する。

　アプローチは土足厳禁で専用のシューズでしか入れない場所である。毎日きちんと手入れと整備がされている。飲食が禁じられていることはもちろん、誤ってレーンに踏み込みレーンのオイルがつくことも避けなければならない。

　一緒にプレーしている人がスペアやストライクなど、ナイスプレーをしたときは、褒めたたえることも大切だ。アプローチから戻ってきたときにハイタッチをして出迎えれば、楽しいボウリングを皆で味わうことができる。

PART

2

マイボールをつくって
レベルアップ！

無駄な力を使わず投球に集中できる

第一関節まで入れて指に引っかけるように持つ

　ボウリングはスポーツ競技で最も重いといわれるボールをコントロールして60フィート先のピンを狙うため、自分の体格や筋力、手の大きさにあったボールを持つことが格段にアベレージをアップするポイント。

　特徴的なのが指を入れる穴の部分だ。ハウスボールが右利き・左利きに関わらず、どちらでも使えるように、穴が均等の大きさになっているのに対し、マイボールは手の大きさや指の太さにあわせてドリラーが穴を空けるためジャストフィットする。持つときも二本の指を第一関節まで入れるだけで、指に引っかかるようになるので無駄な力を使わず投球することができる。

Point 1

精度をアップして
ストライクを量産する

　ハウスボールでは限界があったコントロール精度もマイボールではより高いレベルに持っていくことができる。ボールの回転を利用して、ストライクの確率が高い入射角度にボールを入れることができる。

Point 2

レーンコンディションに
あわせてボールを選ぶ

　プロの場合、複数のボールを持ちあわせ、試合の状況によってボールを使い分けていく。レーンの特徴やオイルの状況など、刻々と変わるレーンのコンディションにあわせてボールを変えることができる。

Point 3

ボールの表面を加工して
軌道を変化させる

　レーンコンディションによってボールの表面を「光らせたり」「くすませる」ことも考える。表面を加工することでボールの軌道が変わり、レーン上のオイルに対応することができる。

＋プラスワンアドバイス

腕に疲労がたまらず
重いボールを投球できる

　ハウスボールのように指の力が必要ないため、腕を疲れさせずにボールを持つことができる。そのため重いボールを持つことができ、数多く投球しても疲労が蓄積しにくいメリットがある。

コツ 10 自分だけのオリジナルボールをつくる

マイボールは自然に無理なく投げることができる

　ハウスボールで100から130ぐらいまでアベレージが安定したら、マイボールに切り替えるチャンスだ。オーダーメイドのボールを投げることでより高度な技術が身につけられる。

　マイボールは自分の手に合わせて指穴が開けられているので、ボールを握る際のフィット感が大幅にアップ。腕自体に力が入らないので、自然にスイングすることができ、スムーズにリリースすることができる。

　ボールの内部には、コア（重り）があり、リリースするとボールがカーブする構造になっている。曲がるボールを駆使して、ストライクやスペアの確率をあげていくことができる。

Point 1

指穴を不均衡に
あけて調整する

　ハウスボールは中指と薬指の穴が横に並び、右利きでも左利きでも使うことができる。マイボールはボールを利き腕で握るときの指の離れ具合に応じて、穴があいているので不揃いの穴があけられる。

Point 2

自然に曲がるボールを
投げることができる

　マイボールはボールの内部にコア（重り）があるので、リリース時に無理にスナップを効かせなくてもボールを曲げることができる。自然なフックボールの軌道でボールをコントロールする。

Point 3

ボールの表面をチョイスし
レーンコンディションに対応

　マイボールの表面（カバー）は、自分の好みに応じて素材を選ぶことができる。リアクティブ系の素材は摩擦力に強い特徴があり、ピン手前のオイルが少ない部分で曲がるボールが実現する。

＋プラス ワンアドバイス

ジャストサイズの指穴で
無理なくボールをスイングできる

　マイボールは指穴がジャストサイズなので指を入れてボールを握るというより、指が穴にひっかかっているイメージになる。指を入れただけでスッと持ちあがり、力を入れずにボールをスイングできる。

コツ 11 自分の手にフィットする ボールをつくる

ドリラーに相談して 理想のマイボールに仕上げる

　マイボールは値段にも幅があり、つくり方にも簡易的な方法からドリラーという専門家のアドバイスを受けながらつくる方法がある。はじめてマイボールをつくる際は、プロショップでドリラーと対面しながら、自分の手にあったボールに仕上げていくことが理想だ。

　ドリラーによって推奨するドリル内容が様々なため、相性の良いドリラーを見つけることがポイント。自分が「どれぐらいのアベレージを目指しているのか」、「どんな軌道のボールを投げたいのか」をドリラーに伝えることで理想的なマイボールをつくることができる。

大きさを測定して手のカルテをつくる

　メジャーシートという「手のカルテ」を作成。ドリラーによって違いはあるがホールサイズ（各指の大きさ）やスパン（親指と中指・薬指の間隔）、ピッチ（穴の角度）、デプス（穴の深さ）などを測定する。

親指の位置を決めて基準をつくる

　メジャーシートを元に穴の大きさやスパンを測るメジャーボールで親指の位置を決める。リリースで親指は、ボールの重さと遠心力で自然に抜けてくれるのが理想。まずは親指を基準にする。

フィンガーグリップで中指と薬指の太さを選ぶ

　マイボールのポテンシャルを最大限に発揮させるためには、中指と薬指がフィットし、第一関節まで入れる「フィンガーグリップ」がベスト。慣れればフックボールを自由自在に投げることができる。

 プラス　ワンアドバイス

親指と中指・薬指のスパンを決める

　メジャーシートの数値をもとに、メジャーボールで親指からの中指・薬指のスパンを決める。適正なスパンになるよう入念にチェック。親指は根元まで入れ、中指・薬指はそれぞれ第一関節まで入れる。手のひらがボールに触れている状態が理想。

コツ 12

自分のスキルにあった マイボールをつくる

重さやバランスを 決めてボールに穴を空ける

マイボールは自分の手の大きさや指にあったサイズに調整できるので、ハウスボールより重いボールでも楽にスイングできる。重いボールになればなるほど、ボールに勢いが出てストライクの確率もグンっとあがる。

またボールの素材やコアのバランスを意識してドリルすることで、ボールの曲がる軌道を大きくすることもできる。

とはいえ、実力にあっていない難しいボールを使っていては、レベルアップの支障になるので注意。

現段階での自分のスキルや目標とするアベレージ、投げたいボールの軌道のイメージをドリラーに相談のうえ、微調整していくことが大切だ。

Point 1

投球動作がスムーズに いくかチェックする

　指を入れてみて確認することが大事。指関節の柔らかさによっては、スパンが微妙に変わってくる。アドレスに構えて軽くスイングするなど、投球動作がスムーズにいくかチェックする。

Point 2

筋力に応じた 重さを選ぶ

　購入予定のマイボールと同じ素材でできているボールで重さを体感。手のひらにボールを乗せてヒジを直角にし、ある程度キープできる重さが目安。手が震えてボールを維持できないようなら重すぎる。

Point 3

ドリラーに穴を 空けてもらい完成する

　ボールの素材と重さを決め、穴を空ける位置が確定したらドリル工程へ。専用マシンがプロショップに備えつけてあるのでドリラーに作業してもらう。作業が終了したら微調整し、マイボールが完成する。

＋ワンアドバイス

専門家のアドバイスを ボールづくりに生かす

　スパンやピッチの相性がマイボールづくりに大きく影響する。測定した数値だけに表れない関節の柔らかさや投球フォームの特徴やクセを理解してくれるドリラーの存在がマイボールづくりには欠かせない。相談しながら作業を進めていくことでポイントだ。

シューズ

機能的なシューズで
助走を安定させる

コツ
13

足に馴染むシューズで
スムーズな助走ができる

　手と足の動きを合わせ助走しながら
スイングするためには、シューズの役
割は重要だ。ボールを持った腕を振り
子のように動かすので、その重さに耐
えながら足を踏み込むために、自分の
足にフィットするものを選ぶ。アプロー
チの助走でしっかり手と足の動きがあ
うと、フォームが安定する。

　ボウリング場でレンタルできるハウ
スシューズは、右利き・左利きに両対
応するため、靴底にゴムが無いので両
足ともに滑りやすい構造になっている。
　マイシューズは利き腕側の足、右利
きであれば右足の靴底にゴムのパーツ
がつき、フォーム終盤で床を蹴って長
くスライドできるようになっている。

Point 1

マイシューズを使って
フォームを安定させる

　フォームを安定させてアベレージを
アップするためには、マイシューズがお
すすめ。毎回同じシューズでプレーでき
るので、床と足にフィット感が生まれ、
手と足のタイミングもとりやすくなる。

Point 2

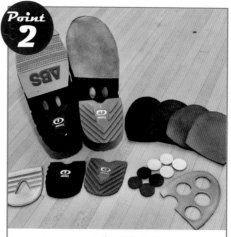

マイシューズは靴の裏面に
ゴム素材が施されている

　マイシューズは利き腕側の足の靴底に
ゴムパーツが施されているので、しっか
りとした蹴り足が実現する。上級者用は、
靴底の素材を張り替えられ、アプローチ
の状態により使い分けることができる。

Point 3

ハウスシューズは
両足が滑りやすくなっている

　ハウスシューズは両足ともに靴底にゴ
素材がついていないので滑りやすい。4
歩助走であれば3歩目で蹴りながら足
を進めるところで滑ってしまい、その勢
いを使えずスライドに入ることになる。

＋プラス ワンアドバイス

長く大切に使うために
メンテナンスをする

　シューズは使用後、汗を吸収している
ので消臭スプレーをし、その後は干して
きちんと乾燥させておく。プレーの前後
には靴底の汚れをブラシなどを使い、き
ちんと取り除く。擦り減っている部分の
確認もしておこう。

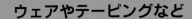

ウェアやテーピングなど

コツ 14 万全の準備で アプローチに立つ

投球動作がスムーズに できるウェアを身につける

　ボウリングをするときはウェアを身につけてプレーすることがスコアアップのコツ。動きやすく機能性にも優れたボウリング専用のウェアならより効果的だ。

　上半身なら肩の可動域が制御されていないか、下半身ならスライド時に足がスムーズに開閉できるかしっかりチェックしよう。

　男性の場合、下はボウリング用のス

ラックスを着用するのが一般的。女性の場合、ファッション的にも機能的にもスカートスタイルがおすすめ。

　姫路プロの場合は、イベントや大会にあわせてウェアのデザインを選んだり、試合の重要性やメンタルの状況にあわせて「気持ちをアップさせるには赤系」「冷静にのぞみたいときは青系」などとカラーをチョイスしている。

Point 1

手首を固定して
握力を補強させる

　手首は、投球で痛めやすい箇所。JPBAの公式戦では補助器具の使用を禁止しているため、手首の安定をはかるためのサポーターやテーピングが必須。手首をある程度、固定することで握力が補強される。

Point 2

テーピングを
巻いて指を保護する

　ボールとの接点である指をしっかりケアしておくことも大事。テーピングを親指や中指・薬指に巻くことで、フィンガーグリップと指がすれて腫れるケガを防止。指穴の微妙な調整にも役立てる。

Point 3

ウォームウェアで
プレー中は体を冷やさない

　冷暖房が完備されているボウリング場でも、室温の変化に対応できるウォームウェアを準備する。髪が長い場合は、邪魔にならないようにまとめるなど、プレーに支障のない身だしなみを心がける。

＋プラス ワンアドバイス

お気に入りフレグランスで
集中力を高める

　身につけるアイテム以外でも、投球の邪魔にならないものなら持参できる。姫路プロは、お気に入りの香りを瓶に入れて携帯している。プレーの合間やリフレッシュしたいときなどにフレグランス効果を使って集中度をアップさせる。

コツ 15
ボールの穴に指を フィットさせて投球する

指の入れ方で グリップに違いがでる

ボールの握り方には、コンベンショナルグリップとセミフィンガーグリップ、フィンガーチップがある。

コンベンショナルグリップは指を第二関節まで深く入れ、ハウスボールでの投球に適した初級者向きの握り。フィンガーチップは指を第一関節まで浅く入れるので穴の大きさや間隔がフィットしていないと難しく、マイボールに適した上級者向きの握り方。その中間がセミフィンガーグリップだ。

ボールの握りで大切なことは、中指と薬指でしっかりグリップさせ、その強さをリリースまでキープすること。姫路プロはフィンガーチップを使用している。

Point 1

ボールに回転をかけやすい
フィンガーチップ

　親指はつけ根まで、中指と薬指を第一
関節まで入れて穴に指を引っ掛けるイ
メージで持つ。中指から親指までの距離
があり、指を浅く入れるのでリリースで
回転をかけやすくなる。

Point 2

スパンを計って
ボールを手にあわせる

　中指と薬指から親指の穴までの距離を
スパンという。マイボールをつくるとき
には、フィンガーチップまたはセミフィ
ンガーグリップなどを選び、手にフィッ
トさせるためにスパンを計る。

Point 3

コンベンショナルグリップは
つかむように握る

　コンベンショナルグリップは、中指と薬
指を第二関節まで入れ、親指はつけ根ま
で入れる。指を深く入れてボールをつか
むように握るため握力が必要。指穴がジャ
ストサイズではないハウスボールに多い。

＋プラスワンアドバイス

滑り止めパウダーで
汗や乾燥での滑りを防止する

　思い通りにスイングし、リリースでの
抜けを良くさせるためには、ボールの穴
と指がフィットしていることがポイン
ト。投球を重ねるうちに汗や乾燥で滑る
ときは「滑り止めパウダー」を適度につ
ける。

コツ 16 アプローチをチェックして靴底を変える

スライドする足の滑り具合を調整する

アプローチの滑り具合は、レーンによっても違いがある。本格的な投球に入る前に、マイシューズを履いてスタンスをとり、スライドがスムーズにいくかチェックしてみることが大切だ。それにあわせて複数あるスライドパーツやヒールパーツの中からあうものに調整して本番の投球に備える。

＋ワンアドバイス

利き足はラバーで滑りを止め、スライドする足のパーツは交換して調整する。

PART
3

理想のフォームを
マスターする

MOVIE
CHECK!

※二次元コードを読み込むことで
　本章のダイジェスト動画が視聴できる。

コツ 17

"我流" を封印して
フォームを身につける

ボウリング仲間と
練習したり
競技会・大会に出る

　ハウスボールでアベレージ100〜130をクリアして、マイボールに変わったらいよいよ本格的にテクニックを習得し、アベレージ200超を目指す。ひとことでアベレージ200といっても、筋力やボールの違い、持っている技術によっても到達スピードが違う。最も大切なフォームづくりについては、プロのレッスンを受けることが近道。プロは人それぞれのあったフォーム・投げ方を理解した上で、最短距離でうまくなるノウハウを注入してくれるのだ。

　プロのレッスンを受けられない場合は、本や動画などでプロのフォームをチェックして、自分に足りない部分や劣っている部分も把握し、フォームづくりに役立てることが大事。我流のフォームでガチガチに固まってしまうと、あるところまで行くと伸び悩む場合がある。一旦、上達のスピードが止まってしまうと、我流のフォームを正しい基本のフォームに戻す作業から再スタートしなければならない。

　自分のフォームが上手な人とどう違うのか、なぜうまく行かないのか理解するために、ボウリング仲間たちと一緒に練習することもおすすめ。一人で黙々と練習するよりも上手になるヒントがたくさん得られる可能性がある。

　また競技会やボウリング場で行われるプロチャレンジマッチなどの大会に出場することも自分の今の実力を把握し、さらにステップアップしていくための上達のコツ。

コツ 18

フォームを安定させて確率をあげる

プロのフォームをお手本に
再現性を手に入れる

　ボウリングを上達するうえで、最も大切なのが投球フォームの安定だ。男性や女性、筋力や骨格の違いがあっても、まず基本的な正しいフォームをしっかり身につけること。そうすることで投球が安定し、狙ったところに高い確率でボールを投げることができる。

　ボウリングはすべてのフレームを同じフォームで投げ切ってこそ、好アベレージが出るという、再現性が求められるスポーツ。一投ごとにフォームがバラバラだと、会心のストライクが出ても続けることができない。

　プロのフォームはまさにお手本で理にかなった動作になっている。動画でチェックしてフォームを研究しよう。

プロの正しいフォームを理解して頭に入れる

Point 1

正しい投球フォームを意識することが大事。プロの投球フォームを連続写真や動画でチェックして、頭のなかでイメージする。ときには自分のフォームを撮って客観的に比較してみるのも良い。

投球動作を輪切りにしてコツをマスターしていく

Point 2

正しい投球フォームの流れをイメージできたら、フォームを輪切りにしてじっくりチェック。アドレスに始まりフィニッシュで終わるまでの、いくつかのコツをひとつずつマスターしていく。

投げ込み練習と体幹トレーニングでフォームをつくる

Point 3

投球フォームを身につけるためには、間隔を空けずに練習することが必要になる。ボウリングに必要な筋力を投げ込みによって鍛えつつ、日常のなかでも簡単な体幹トレーニングなどを取り入れる。

＋プラスワンアドバイス

×

正しいフォームで疲労とケガを防止する

悪いフォームで投げていると、無駄な力を使い体の疲労が早くなる。ゲームの後半になるとフォームにバラつきがでてしまう。正しいフォームは疲れにくく、安定した投球ができケガのリスクも少ない。

コツ 19
手と足をあわせて 五歩でリリースする

MOVIE CHECK!

アドレス ▶ ▶ ▶ 　　　　1歩目 ▶ ▶ ▶ 　　　プッシュアウェイ ▶
　　　　　　　　　　　　　　　　　　　　　　　　　（2歩目・右）

▶ ▶ フォワードスイング ▶ ▶ ▶ スライド ▶ ▶ ▶ スライド ▶ ▶
　　　　（5歩目・左）

スライドして五歩目でリリースに向かう

姫路プロの五歩で投球する場合、手と足のタイミングを合わせることが大切だ。右腕で投球する場合、まず左足が一歩目となり、右足を踏み出し二歩目でプッシュアウェイ。ダウンスイングからバックスイングに入ったところで三歩目となる。

ボールが一番高いところにおさまった場面で四歩目。フォワードスイングしながらスライドに入り、五歩目でリリース、そしてフィニッシュに向かう。

ダウンスイング ▶ ▶ ▶ バックスイング（3歩目・左） ▶ ▶ ▶ トップ（4歩目・右） ▶

リリース ▶ ▶ ▶ フォロースルー ▶ ▶ ▶ フィニッシュ

ボールの重さで 自然にダウンスイングへ

MOVIE CHECK!

必要以上に力を入れず腕を前に出す

マイボールを持ち、アプローチに立ったらアドレスに入る。姿勢をやや前傾させて左足を前に踏み出す。次に右足を踏み出すとともに両腕に持ったボールを前に出す。このとき必要以上に力を入れず腕を伸ばすことがポイント。

前に出したボールは、重さで自然に落下するので支えていた左手を離してダウンスイングに入りつつ、三歩目となる左足を踏み出していく。

コブシを高くあげて
フィニッシュをとる

MOVIE
CHECK!

スライドで足を大きく踏み出しリリースに向かう

左足を前に踏み出しながら腕を後ろにスイングしてバックスイング。続けて右足を前に踏み出し、ボールが最も高い位置におさまるトップをつくる。

そこからボールを持つ腕をスイングさせながら左足を大きく踏み出し、スライドしながら五歩目でリリースに入る。このときボールを持たない左手も意識したまま、リリースした右手はコブシを軽く握った状態でフォロースルーを迎えること。

次ページ以降は
フォームを
パーツごとに解説

目線とボールを
一致させる

右肩をややさげて
胸の外側でボールを持つ

　アドレスとは投球動作に入る前の構えだ。この時点で基本姿勢がとれていないと、この後の投球フォームで正しく体を動かすことができない。

　いつも安定したアドレスでアプローチにあるスタンスドットに足をあわせて立つことを意識する。

　右肩をややさげて、ワキを締め、ヒジを曲げて胸の前より外側でボールを持つ。このとき目線とボールを一致させることが大事。そうすることで目標に対して腕のスイングの軌道を正しく入れることができる。

　体全体をリラックスさせて構えることで無駄な力を入れることなく、安定した投球をすることができる。

Point 1

スタンスドットを
目印に立つ

アドレスでの立ち位置は、アプローチにある7つのスタンスドットを目印にする。真ん中のやや大きめのドットが1番ピンと同じ板目にあり、残りは中心から板目5枚ずつの間隔で広がっている。

Point 2

スイングの軌道を
意識して構える

　胸の正面でボールを構えてしまうと、投球動作に入るとスイングの軌道がブレやすい。目線とボールを一致させ、胸のやや外側で構えることで、スイングの軌道をまっすぐにすることができる。

Point 3

×

姿勢を前傾させて
投球動作に入る

　アプローチの段階から姿勢は前傾にすること。床に対して垂直に立ってしまうと、目線が上下したり、投球動作の終盤で床を強く蹴って、押し出すような力強いリリースができなくなる。

＋プラスワンアドバイス

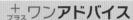

利き腕と逆の足を
半歩前に出してみる

　アプローチで立つときに五歩助走で投球する場合は、1歩目を出しやすくするため、利き腕とは逆の足を半歩前にすることも有効。重心は利き腕側にある方に乗せて、スムーズに左足から踏み出すことができる。自分に合った立ち方を見つけよう。

コツ 21 四歩か五歩の しっくりする助走で投げる

五歩

四歩

基本の四歩を試してから 五歩にチャレンジする

手と足の動きを一致させる投球フォームでは、助走の取り方によっても精度が変わってくる。助走は大きく分けて「四歩」と「五歩」がある。自分にあった助走の歩数を見つけてみよう。

動作がシンプルな四歩助走の場合、ファールラインにカカトをあわせて大股で四歩進む。さらにスライド分の半歩を入れて止まったところで、ツマ先を中心にターンし、体をレーンに向ける。ここが助走スタート位置の目安となる。

四歩でしっくり手と足が出てこないようなら、利き腕と逆の足から動かす五歩助走を試してみよう。プッシュアウェイで右足を出す前に、左足を踏み出してから助走をスタートさせる。

Point 1 プッシュアウェイで右足と右手をあわせて前に出す

五歩助走の場合、利き腕の逆となる左足からスタート。1歩目を踏み出す。

右足を後ろから前に踏み出す。四歩助走の場合、これが1歩目の動きとなる。

右手と右足をあわせて前に出す。五歩助走では2歩目(四歩助走では1歩目)となる。

Point 2

右足でボールの重さを受け止める

プッシュアウェイでしっかり踏み出せず、腰高となってしまうと、それ以降のスタンスが狭くなり、下半身のパワーが十分に使えない。右足でボールの重さを受け止めるイメージで踏み込む。

Point 3

3～4歩目で歩幅を調整してスライドに入る

ダウンスイングからバックスイングでの3～4歩目は歩幅を短く調整。スピードを重視することがポイントだ。最後のダウンスイングしながらの歩数目は、スライドしながらフィニッシュに向かう。

プッシュアウェイ

コツ22

スパットに対して
目線と腕、ツマ先を向ける

ヒジを軽く曲げた
状態でプッシュアウェイ

　プッシュアウェイは、アドレスから投球フォームに入る最初の動作。右利きの場合、五歩助走なら２歩目、四歩助走なら１歩目で右足を踏み出し、同時にボールを持つ右手を前に押し出す。

　プッシュアウェイでは、高い位置に押し出す方がボールの重さに遠心力が加わる。しかしスイングスピードは速く

なるが、軌道がブレてしまいがちなので注意が必要だ。筋力ない人やフォームが固まっていない初心者は、無理せずヒジが軽く曲がった状態で、腕を前に伸ばすイメージを持つと良いだろう。

　このとき目標とするスパットに対し、目線と腕、右足のツマ先を向けていくことで精度の高い投球ができる。

力が入り過ぎないよう
ヒジを軽く曲げる

　アドレスで胸の横に構えたボールを踏み出す足にあわせて前に出す。動作は右手が中心だが左手も同様に前に出すことがポイント。力が入り過ぎない程度にヒジは軽く曲げた状態で出す。

右手と右足を
あわせて前に出す

　人間の日常では、右足と右手を同時に出すことが少なく、難しい動作といえる。しかしスイングと助走は連動しているので、初動で狂ってしまうと正しいフォームで投げることはできない。

目標を意識して
腕と足を前に出す

　腕と足の踏み出しをあわせて前に出すとき、目線とするスパットに対し目線と腕、踏み出す足のツマ先を向けていく。そうすることで、この後の投球動作とコントロールの精度がアップする。

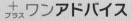
＋
プラス ワンアドバイス

×

筋力のない人は
無理せず腕を前に伸ばす

　前に出す腕の位置が高ければ、ボールの重さと遠心力でスイングスピードはあがる。しかし筋力のない人が、無理をして腕を伸ばしてしまうと、ボールの勢いに負けてスイングが乱れてしまう。このとき、手首が外側に折れてしまわないように注意する。

コツ 23

前傾姿勢を維持して腕をスイングする

バックスイング

ダウンスイング

真っすぐ後ろに腕をスイングする

プッシュアウェイで腕を伸ばして前に出すと、ボールの重さで自然と下方向におりていく。そこから体の真下、足元にボールがくるまでをダウンスイングという。

そこから真っすぐ後ろに、ボールを振りあげる動作がバックスイングだ。投球に威力を与えるためにも、より高い位置にボールをおさめることが理想だ。スイングが乱れないよう、真っすぐ後ろに腕をスイングする。

一連のフォームでは前傾姿勢をキープすることが大事。そうすることでバックスイングで高い位置までボールがあがりやすくなり、勢いのあるボールを投げることができる。

Point 1

前傾姿勢から
腕を高くあげる

　ダウンスイングでは、力を抜いて上体が崩れないよう前傾姿勢をキープ。そこから真っすぐボールを後ろにあげて腕をスイングする。このとき腰が開かないようにして腕を高くあげる。

Point 2

無理をして腕を
高くあげるのは NG

　必要以上に腕を高くあげようとすると、腰が開いてしまい肩も動いてしまう。そこから腕をおろしても正しい軌道でスイングできない。肩やヒジにも負担がかかるので注意しよう。

Point 3

バックスイングのトップは
頭より高い位置が理想

　前傾姿勢を維持していると、バックスイングが止まった位置である「トップ」は、頭よりも高くなる。そこからボールの重さを利用して、自然に腕を振りおろすことで大きなスイングが可能になる。

＋ワンアドバイス

軸がブレないよう
体をレーンに正対する

　バックスイングに入るときに力を入れ過ぎてしまったり、ボールの重さに負けてしまうと軸がブレるので注意が必要だ。上半身は常にレーンに正対するようフォームをキープすることが大切だ。

コツ 24

ボールを真っすぐおろして スライドする

スライドを大きくして 低い位置からリリース

バックスイングで真っすぐ後ろにあげたボールを振りおろす動作をフォワードスイングという。

ボールの重さと助走の勢いに体を任せて、スイングすることが大切だ。動作中は常に体の軸を保ちつつ、目線と左足のツマ先はスパットへ向ける。

助走の最後の1歩ではシューズの底をすべらせてスライドの動作に入る。スライドが大きければリリースポイントを長くとることが可能になる。リリースポイントが長くなるほど、回転もかけやすくなり、フックボールの威力もアップする。より強いボールを投げて多くのピンが倒れるよう低い位置からリリースしよう。

Point 1

重心を落として
スライドに入る

　軸がブレないよう上体を安定させて、トップからボールを振りおろす。このときバックスイングよりも重心を落としてスライド動作の準備に入る。常に前傾姿勢をキープしてリリースに向かう。

Point 2

スライドで得た
スピードを生かす

　最後の一歩は体のバランスが崩れないよう、できるだけ大きくとれることがポイント。シューズの底を滑らせ、助走で得た勢いをボールにうまく伝えられるよう体の横でボールを押し出す。

Point 3

スライドを長くとり
ボールを押し出す

　スライドで大きくスタンスがとれていると、ボールを押し出す距離も比例して長くなり回転量の多いキレがあるボールを投げることができる。そのためには前傾姿勢を維持していることが大切だ。

＋プラスワンアドバイス　×

スライド不足は
ストライク率が低下する

　ボールに力を伝えるスライドの距離が不足していると、強い投球ができない。特に前傾姿勢ができていないと、下半身は連動しない。ボールを長く持ち、低い位置でリリースすることを意識しよう。

コツ 25

「グー」の形のリリースを イメージする

スライドで得た スピードを生かしてリリース

リリースはアドレスからスタートした動作を集約する大事な要素。フォワードスイングで腕を振りおろし、ボールが体の側を通ったタイミングがリリースとなる。スライドで得たスピードをいかに前に持っていけるかがポイントだ。

指先でボールを引っかけながら、前に踏み込んでいる足のツマ先の位置でリリースするイメージを持つ。余分な力が入り過ぎるとリリースでボールが浮いてしまったり、過回転になってしまうので注意。できるだけ低いポイントで、スムーズにボールを離すことができるよう、前傾姿勢をキープしながら前でボールをリリースする。

グーの形になって
リリースする

　ボールを押し出したら親指が抜ける。親指の向きは、上から見て時計の針で10時の方向を向いているイメージ。手のひらは「パー」でなく、「グー」の形になっていることか理想だ。

リリースが乱れると
ボールをコントロールできない

　強いリリースをイメージするあまり、ボールを握る手に力が入って、うまくいかなくなることもある。リリースがスムーズにいかないと、ボールはスイングの軌道に沿って浮きあがってしまう。

ヒジから手までを
一直線にする

　リリースの瞬間は、ヒジから手までが一直線となることがベスト。手首を動かし過ぎてしまうと、制御できない回転となったり、精度そのものが狂ってしまう。ケガにもつながるので注意しよう。

＋ワンアドバイス

左腕で壁をつくり
ボールをコントロールする

　リリース時にも左腕に力を入れて壁をつくり、体の向きを維持してボールをコントロールすることが大事。フォロースルーをしっかりとることでボールの回転数は大きく変わる。

コツ 26

シンプルな動作から四歩で投げる

MOVIE CHECK!

アドレス ▶ ▶ ▶

プッシュアウェイ（1歩目・右）▶ ▶ ▶

ダウンスイング ▶ ▶ ▶

スライドして四歩目でリリースに向かう

　五歩助走をよりシンプルにしたのが四歩助走。なかなか手と足のタイミングがあわない人は、四歩助走を試してみよう。

　右腕で投球する場合、一歩目で右を踏み出しプッシュアウェイ。ダウンスイングからバックスイングに入ったところで二歩目となる。ボールが一番高いところにおさまった場面で三歩目。フォワードスイングしながらスライドに入り、四歩目でリリース、フィニッシュに向かう。

五歩

四歩

バックスイング
（2歩目・左）▶ ▶ ▶

トップ
（3歩目・右）▶ ▶ ▶

フォワードスイング
（4歩目・左）▶ ▶ ▶

スライド ▼ ▼ ▼

リリース ◀ ◀ ◀

フィニッシュ ◀ ◀ ◀ フォロースルー

PART

4

ケガを防止するための
コンディショニング

※二次元コードを読み込むことで
　本章のダイジェスト動画が視聴できる。

コンディショニング

コツ 27 心身のコンディショニングを整える

アベレージアップには、コンディションの維持が欠かせない。

自分の体調を管理して
ボウリングに取り組む

より高いレベルを目指してボウリングを上達するには、体調管理をしつつ、コンディショニングを意識する必要がある。

日頃の練習やトレーニングはもちろん、食事や休養に関して意識してバランス良く取り組むことで、常に高いパフォーマンスでボウリングをプレーできる。

質の良いコンディショニングをキープするためには、まず正しい知識を身につけて自分に適した方法を実践すること。それを把握しながらコンディショニングを継続するためには、日々の体調管理をノートに記入することもポイントである。

Point 1

下半身や体幹を中心に
体を鍛える

　コンディショニングを高めるためには、下半身や体幹など体の土台を鍛える必要がある。スクワットなど自重系のトレーニングやストレッチでボディバランスを高める運動を取り入れる。

Point 2

適度な休養をいれ
コンディションを維持する

　休養を意識的にとることも体づくりには欠かせない。疲労がたまっているとパフォーマンスの低下を招いてしまう。十分な睡眠やトレーニング合間の休息など、体を休めて心身のエネルギーを養おう。

Point 3

バランスのとれた食事で
パワーを備えた体をつくる

　10フレームを通して重いボールを投げる続けるためには、瞬発力や持続力といった体力がカギになる。体づくりの基本となり体力を支えるのは食事だ。三食栄養バランスのとれたものを摂取しよう。

＋プラスワンアドバイス

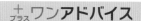

ベストの投球が
できるための体重管理

　体重は、軽すぎても重すぎても投球に影響する。姫路プロの場合、バックスイングを高く上げても上体が後ろにいかない、ヒザを曲げた状態で前進するめための重さにするため、理想の体重をキープしている。

コツ 28

栄養バランスのとれた 食事を心掛ける

バランスの良い食事で
コンディションをキープする。

栄養素を考えながら 食事を充実させる

　体づくりの基本は、バランスのとれた食事を三食とることである。

　基本的には三大栄養素といわれる炭水化物と脂質、タンパク質をバランスよく適度な量をとること。炭水化物はお米やパン、いも類などに多く含まれすぐにエネルギーで使われる。脂質はバターや油などに多く含まれ持久力を生み出す。タンパク質は肉類や魚類、乳製品、大豆などに多く含まれ筋肉や骨をつくる素になる。さらに疲労回復を担うビタミンや体の調整機能を助けるミネラルも摂取したい。

　プロボウラーは朝から夜まで試合を行うことが多いが、補食をしっかりとりつつ、エネルギーを補給している。

コツ
+α
水分補給と補食を意識する

水分補給

補食

こまめな水分補給と不足した栄養を補う

ボウリングのプレー中は適度な水分補給が必要になる。屋内の競技であり、たくさんの汗をかくほど激しい動きをしていないと思っていても、水分が不足していることがある。人の体は約6割が水分で構成されている。屋内のプレーで汗をかかなくても水分補給は欠かせない。水分が足りなくなると集中力を欠いたり、投球自体もスムーズに動かせなくなる。喉が渇いたと感じる前に、こまめに水分摂取することを意識しよう。

また、三度の食事に加えて補食をとることも大事。補食はスナック菓子ではなく、おにぎりや栄養補助食品など栄養を踏まえたものを選ぶ。

コツ 29 スムーズな投球のために体をほぐす

腕や肩のストレッチ
両手を組み手のひらを天井に向けで、まっすぐ頭の上で伸ばす。腕をあげながらツマ先立ちになり体を伸ばす。

MOVIE CHECK!

腕や肩のストレッチ
足を肩幅程度に広げ、頭の上で組んだ両手を片側に倒しながら体側をほぐす。反対側へも倒しストレッチする。

自分の体と向き合い動ける体を準備する

　ボウリングは重いボールを持って投球するので、スイングの遠心力に耐えながらも、しなやかに腕をスイングする必要がある。そのためには腕や肩回りはもちろん、足腰など体全体の筋肉をほぐしておくことが大切になる。

　体のケアをするためには、プレー前にストレッチを行う。万全なコンディ

ションづくりとケガの予防になる。プレー後も行えば疲労回復の役割も担う。投球は利き腕側に偏った動作なので、左右をストレッチすることで体のバランスが整う。プレー中でも調子をみながら部分的にストレッチすることで体のコンディションを把握し、メンタルを落ち着かせる効果もある。

腕や肩のストレッチ

腕を横へ伸ばし、もう片方の腕は横へ伸ばした腕を抱えるように曲げ、肩を中心にほぐす。反対も同様に行う。

腕や肩のストレッチ

腕を背中側へ伸ばし、もう片方の腕で背中へ伸ばした腕のヒジを持ちながら、引き寄せる。反対も同様に行う。

肩甲骨のストレッチ

両手を組み、手のひらを前に向けて、まっすぐに伸ばす。顔は下に向け、腕はさがらないように床と平行にする。

肩甲骨のストレッチ

背中で両方の手のひらを体へ向けて組み、まっすぐ後方へ伸ばす。顔は前を向き、腕はさがらないようにする。

肩甲骨のストレッチ

腰を曲げながら背中で組んだ両手を上に移動し、前へ倒しながら肩をストレッチ。ヒジは伸ばし左右にも振る。

手首や指のストレッチ

手のひらを前に向けて伸ばし、反対の手で指先を伸ばす。
手の甲を前に向け指先を伸ばす。反対も同様に行う。

腕や肩のストレッチ

手を腰において腕を曲げ、反対側の腕で曲げ
た腕のヒジを持ち、引き寄せ肩や腕をほぐす。
反対も同様に行う。

MOVIE
CHECK!

足のストレッチ

片足を前に出し後ろ足のふくらはぎを伸ばす。前足のヒザを曲げ腰を深く落として伸ばす。
反対も同様に行う。

＋プラスワンアドバイス

自分の体をチェックしながら気づいた部分を入念にほぐす

姫路プロはコンディションを考えながらストレッチのメニューを考えている。自分の体と向き合い「今日はここが硬いな」、「この部分がうまく動かない」など感じたところを入念にほぐしている。

足のストレッチ

片足を前に出しツマ先をあげ両手をヒザにおいて足を伸ばす。次にツマ先をつけて伸ばす。反対も同様に行う。

足のストレッチ

片足を後ろへ曲げて反対の足だけで立ち、手で曲げた足先をつかみ太モモの筋肉を伸ばす。反対も同様に行う。

足のストレッチ

片足立ちになり反対側の足はあげてヒザを軽く曲げ、空中で足をまわし股関節をほぐす。反対も同様に行う。

MOVIE CHECK!

肩や腕のストレッチ

片方の腕をヒジが軽く曲がった状態の
まま、肩関節をほぐすように大きく高
く回していく。反対も同様に行う。

足のストレッチ

両足を揃えて屈伸をする。ヒザを曲げた
ときは腰を深く落とし、伸ばしたときは
ヒザを押してしっかり伸ばす。

足のストレッチ

片足のヒザを軽く曲げ、反対は伸ばして
ストレッチ。さらに深くヒザを曲げて足
を伸ばす。反対も同様に行う。

手首や足首のストレッチ

両手の力を抜いて、手首を振る。足の
ツマ先を立て、ツマ先を中心に足首を
回してほぐす。反対も同様に行う。

首のストレッチ

片手を頭におき、頭を横に引き寄せるように倒しながら首の
ストレッチをする。反対側や後ろ、前にも伸ばす。

腰のストレッチ

両手を腰に置いて、ゆっくりまわす。
右回り・左回り両方行う。

身体全体のストレッチ

その場で軽くジャンプする。血流が促
進されて身体全体が温まる。

コツ 30

指を保護して 指穴の安定感を高める

フィンガーテープを使用し 指のケアも行う

ボールを投げ続けることによって、指の負担は大きくなる。フィンガーテープを使用することで、マメや傷などのケガ予防や汗からの保護、乾燥対策なども可能になる。リリースで指が抜けるときの安定感やボールのカーブに対する変化など穴の大きさに対する調整としての役割もあるので、必要に応じて使う。

親指は、指穴と擦れることの防止に爪側の部分から第二関節を超えるところまでを目安に貼る。反対側の指の腹部分はボールへの感覚を残すため基本的には貼らないことが多い。中指と薬指は指先に巻きつけるような感じで使用する。巻いた後、指の曲げ伸ばしを確認しよう。

PART
5

ポジティブな メンタルを手に入れる

コツ 31 前向きな言葉で 自分の背中を後押しする

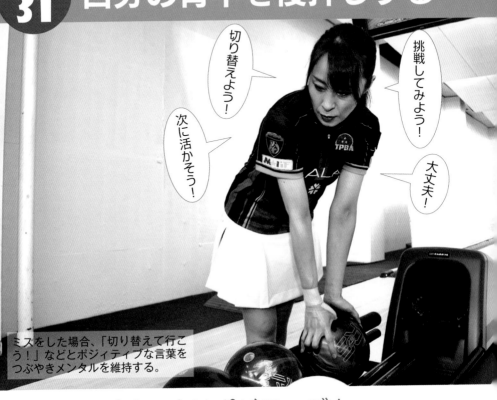

切り替えよう！

挑戦してみよう！

次に活かそう！

大丈夫！

ミスをした場合、「切り替えて行こう！」などとポジティブな言葉をつぶやきメンタルを維持する。

メンタルが強い人はポジティブな 思考にしようと努力する

「生まれた時からメンタルが強い人なんて1人もいない」というのが姫路プロの考え。自分ができないことの多さに気づかされながら、年は重ねていくものなので、誰もが「私にはできない」「私はメンタルが弱い」というネガティブな感情を持ってしまう。

そうならないためにも、できるだけポジティブな思考でボウリングに取り組むこと

が大切。「いつもはできないけど、今日はできるかもしれない、ラッキーでピンが倒れてくれるかも。やってみよう」「メンタルが弱いから成功しない、でもメンタルの強い人だけが成功するとは限らない。緊張してる今を楽しみながら、チャレンジしよう」など、後ずさりする自分の背中を前向きな言葉で後押しする。

コツ 32

ルーティンワークを取り入れて実力を発揮する

いつも同じ足からアプローチにあがるなどもルーティンワークの一例。

平常心をキープしていつも通りの投球をする

　高いアベレージが当たり前の上級者でも、大会や試合となると、なぜか自分の持っている実力が発揮できないことが多い。

　試合では自分の投球とともに相手との勝負も加わり、プレッシャーが高まっていく。「このスペアで勝てる」「この一投で優勝できる」というような重圧がかかった状態になると、それまで完璧だった正しいフォームが再現できなくなり、簡単なミスを犯してしまう。これはメンタルに原因がある。

　メンタルをいつも通りの状態に保つキーワード「平常心」が必要だ。お決まりの動作であるルーティンワークを取り入れることも方法のひとつ。

85

心と体を良い状態に保つ

日頃の入浴や整体などで、体の調子を整える。

心と体の良いバランス状態をキープする

　心と体のバランスをいつも良い状態にしておくことは、ベストパフォーマンスを発揮し、ケガをしにくいコンディションを生む。

　姫路プロの場合は、睡眠と食事、入浴時のストレッチ、整体へ通うことなどを通して、心身のメンテナンスを行っている。意識してこれらのことを

行い日々積み重ねてきた結果、常に好成績を残しているだけではなく、プロになってから23年もの間、ケガをしたことがないという。

　十分な睡眠をとりバランスのとれた食事をし、体の調子を整えるなど心身のメンテナンスをすることで、スコアアップにつながっていく。

PART

6

投球精度をあげて
アベレージアップ！

MOVIE
CHECK!

※二次元コードを読み込むことで
本章のダイジェスト動画が視聴できる。

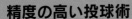

コツ 33 フックボールを主体に レーンを攻略する

パワーのある球種と コントロールがつきやすい球種

アベレージをあげるためには、ストライクの確率を高くすることはもちろん、スペアも確実にとる投球の精度が必要だ。そのためにはマイボールからの持ち球となるフックボールをはじめ、真っすぐな軌道のストレート、大きく曲がるバックアップボールを投げられることがポイント。それぞれリリースの瞬間の手首の向きが違う。

すべてのボールをマスターすることで、あらゆるレーンコンディションや残ったピンの形に対応でき、アベレージ全体の底上げができる。特にフックボールは、ストライクをとるための狙いどころとなるポケットを狙いやすくする軸となる球種だ。

ボールの右半分を回すようにして フックボールを投げる

ピンそばで小さいカーブが生まれるフックは、手首に角度をつけて持ちリリース時に手首の角度を開いて投げる。親指を10時方向に向けて、ボールの右半分を回転させるようにしながら投げる。

ボールを手のひらで押し出し 真っすぐな軌道をつくる

ストレートボールは、手首を動かさないようにキープしたまま、手のひらでボールを前に押し出すイメージで投げる。親指は上にして握り、リリースまでその状態を維持させてタテ回転をつくる。

リリースで強い回転をかけて バックアップボールを投げる

フックボールとは逆方向に曲がるのがバックアップボール。ヒジを軽く曲げてボールを振りおろし手首を曲げる。下から上に振りあげるイメージでボールを押し出し、強い回転をかける。

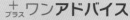

回転力があるボールで ピンを倒す

さらに回転数を上げて大きく曲げたい場合、姫路プロは構えた時に手を内側に向けてアドレスしている。

コツ 34 正確な入射角度から ストライクを狙う

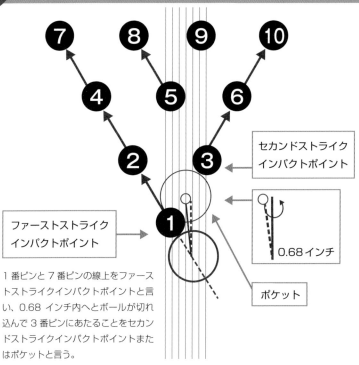

セカンドストライク
インパクトポイント

0.68 インチ

ポケット

ファーストストライク
インパクトポイント

1番ピンと7番ピンの線上をファーストストライクインパクトポイントと言い、0.68 インチ内へとボールが切れ込んで3番ピンにあたることをセカンドストライクインパクトポイントまたはポケットと言う。

3〜6度の入射角度で ポケットを目指す

　高い確率でストライクを出すためには、ポケットといわれる1番ピンと3番ピンの間を狙うこと。ポケットに対し、ボールを3から6度の入射角度で投げることが理想の形になる。

　この角度で正確にボールが入ると、まず1、3、5、9番ピンにボールがあたり、それぞれにピンアクションを起

こす。1番ピンは2、4、7番ピン、3番ピンは6、10番ピン、5番ピンが8番ピンを倒してストライクが完成する。理想の角度からポケットに正確にコントロールするためには、フックボールの軌道が最適。自分が得意とするコースを見つけるために、スタンスドットや狙うスパットを決めておく。

Point 1

アプローチの
立ち位置を確認する

　アプローチでの立ち位置は、足元に表示されているスタンスドットを目安にする。7つまたは5つのドットのうち一番大きいものが中心となる。目標にするスパットの1つ左のドットに立つのが基本。

Point 2

レーン上のスパットを
狙いの目標にする

　狙いを定める視点は、レーン上にある三角形のスパットにする。右から2番目のスパットを目標にする人が多く、うまくポケットを狙うことができたり1、3番ピンをヒットできる可能性が高い。

Point 3

ストライクポジションを
軸にして投球する

　高い確率でストライクを出せるコース、立ち位置がストライクポジションだ。レーンコンディションとうまく一致せずストライクの確率が低い場合は、立ち位置と狙う位置の調整などが必要になる。

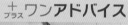
プラスワンアドバイス

1投目で残ったピンは
スペアボールでスペアをとる

　レーンコンディションによって変動するが、姫路プロの場合は1、5番ピン以外はスペアボールで投球する。中央のスパット（20投目）を狙って投げる。

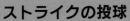

コツ 35
得意なコースから ストライクを狙う

得意コースに投げるための 準備を整えて投球に入る

MOVIE CHECK!

マイボールを使い、正しいフォームで練習を積んでいけば、投球の精度は自然に高くなるはずだ。

まず一投目は「ストライク」をとることが第一目標。自分の得意なコースにボールを投げるための「立ち位置」を確認してアプローチに入る。投球動作に入れば、自分で決めたスパットをターゲットに狙うだけ。

まずは得意なコースに投げてみて、うまくストライクが出ない場合はレーンコンディションにあわせ狙うスパットと立ち位置を調整していく。次ページ以降は、狙うスパットを右から2番目、立つ位置を右から3番目のドットを基準に残りピンに応じたスペアの取り方を解説する。

大会や試合のときはゲーム前の練習時間が設けられています。実際にボールを試し投げして、フォームの確認やボールの軌道のチェック。レーンコンディションを把握してね！

⁺ワンアドバイス
レーンコンディションを投球しながら見極める

ボールが繰り返し通る右側のコースは、オイルが伸びて曲がりづらくなったり、薄くなったところが直進せず曲がりやすくなる。投げながらレーンコンディションを把握し、狙う板目や立つ位置、投球やボールを調整する。

スペア（7番ピン）

コツ 36

左端の7番ピンを
対角線に攻める

MOVIE
CHECK!

左端奥に残る7番ピンを倒す

　7番ピンは後方の左端にあるので、右利きで投げる場合にはレーンの半分より右側に立って斜めに狙ったスペアになる。

　アプローチの立ち位置は7番ピンと中央のスパットを線で結んだ延長線上の左側（ドット1つ＝5枚分）となる。

　時には7番ピンのスペアをとりにいくときに、フックボールでストライクコースから立つ位置だけを右に9枚ほど移動するアングルも有効だ。

サイドのピンは体の向きも
ピンに向けて狙う

MOVIE
CHECK!

サイドのピンは対角線上に立ち位置をとる

　10番ピンはコースの中央をボール が横切って通るように対角線上の逆サ イドに立ち位置をとる。真正面から投 げると、ガターに落ちる可能性が高い。 サイドはストレートボールで攻める方 が確実。カーブさせると、レーン奥は オイルが少なく、急な曲がり方でボー ルがそれてしまう。自分に合う10番 ピンを狙うスパットとスタンス（テン ピンターゲット）を見つけよう。

コツ 37

前後に並んだピンは 手前のピン正面を狙う

MOVIE CHECK!

前と後ろのピンを続けて倒す

　ピンが前後に並んで残ることを「ダブルウッド」や「スリーパー」といい、比較的倒しやすい配置になる。手前のピンの正面に狙いを定め、後ろのピンにも続けて当たるようにする。

　フックボールで投げる場合、立ち位置は1投目よりも板目2枚から2枚半程度右側を目安にする。逆側の3番9番ピンの場合は、1投目よりも左側に移動して投げる。

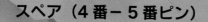

スペア（4番−5番ピン）

コツ +α 平行ピンは2本の真ん中を攻める

MOVIE CHECK!

横に平行に並んでいる4番−5番ピンを狙う

　4番−5番ピンのように横に並んで残っているピンを平行ピンという。このような場合は、2本のピンの真ん中を狙う。どちらか1本のピンへの当たりに偏ってしまうと、もう1本が残る確率が高い。スペアでは残りピンのうち一番手前のピンをキーピンといい、狙いの目安にする。4番5番ピンの場合は、前中央の2番ピンがあるとイメージし、キーピンに見立てて狙う。

スペア（6番－10番ピン）

コツ 38

キーピンの6番ピンを狙い 10番ピンとともに倒す

MOVIE CHECK!

斜めに並んでいる6番－10番ピンを狙う

6番－10番ピンは斜めに残るパターンであり、キーピンは6番になる。6番ピンにボールを当てると、自然に10番ピンにも当たるので、難易度の低いスペアになる。

立ち位置は対角線上にとるので左側になり、6番ピンを狙う。フックボールの場合は、ストライクを狙うときよりも左側に立ち、6番ピンの右側を狙う。

コツ+α
高度な技術が必要な右サイドを攻略する

MOVIE CHECK!

キーピンの3番に狙いを定める

　難易度の高い10番ピンを含め、ボールの軌道が難しい右側サイドのピンを一度に倒すので、技術力が問われる。キーピンの3番ピンにボールが当たるように、狙いを定めて投げる。

　投げる位置はフックボールの場合、1投目よりも左に板目3枚分左に移動した位置が、スペアボールの場合は中央のスパットが目安。

スペア（2番ー4番ー5番ピン）

コツ 39

三角形にかたまって並んだピンを倒す

MOVIE CHECK!

三角形に並んだ 2 番ー 4 番ー 5 番ピンを狙う

　2番ー4番ー5番ピンが残ると、トライアングルのように三角形にまとまっているので、そのかたまりを狙うように投げる。キーピンは2番ピンになるので、狙いは2番ピンの右側になる。フックボールで投げる場合は、立ち位置を板目3枚分右にするが最後に曲がってしまい5番ピンが残る可能性が高くなるのでスペアボールがおすすめ。

スペア（1番ー2番ー4番ピン）

ピンとピンの間を狙って3本倒す

MOVIE CHECK!

左サイドに並んだ1番ー2番ー4番ピンを狙う

ピンが多く残るほど、スペアをとれる確率は低くなる。左サイドの1番ー2番ー4番ピンは、1投目でボールが右側に流れてしまったときに残る形である。3番ー6番ー10番ピンよりもコースをとりやすい。1投目より右に立ち位置をとりストライクのコースを使ってフックボールで攻めるか、中央のスパットを目指し、その1つ左のドットからスペアボールで倒す方法もある。

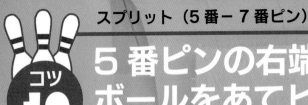

コツ 40

5番ピンの右端に ボールをあてピンを飛ばす

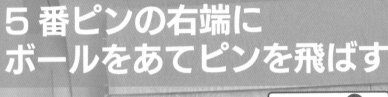

MOVIE CHECK!

5番ピンが弾かれて7番ピンを倒す

　1番ピンがない状態で2本以上のピンが離れて残った形をスプリットといい、高い技術が必要だ。キーピンの端を狙うことで、倒れるときにピンが弾かれて動きが出るようにし、その勢いを利用して残りのピンを倒す。5番と7番ピンの場合は、5番がキーピン。1投目と同じスパットを狙い、立ち位置は左側に板目2枚から3枚程度移動して調整し、5番ピンの右端にあてる。

スプリット（6番−7番ピン）

コツ +α ピンの右端にあて左側への ピンアクションを導く

MOVIE CHECK!

スペースのあるスプリットを攻略する

　前ページで解説した5番ピンと7番ピンが残った形よりも、スペースがあいた形になる。その分よりキーピンを弾き飛ばさなければならないので、6番ピンの右端にボールをうまくあ

てること。平行に並んだ場合よりも2本のピンに角度があるので攻略は可能だ。キーピンがどれぐらい動いて倒れるか、6番ピンのピンアクションが決め手になる。

コツ 41
２番ピンの際を狙い１０番ピンも倒す

MOVIE CHECK!

１投目よりも右へ移動しキーピンを狙う

　１投目でポケットにうまく入らず、ボールのあたりが弱いときに２番と10番のピンが残りやすい。キーピンは２番ピンになり、２番ピン左端のキワにうまくヒットすれば、大きなピンアクションが生まれて10番ピンを倒すこ

とができる。立ち位置は、フックボールの場合、１投目よりも右側に板目６枚を目安に移動し、同じスパットを目指す。スペアボールの場合は、４番ピンのスペアを狙うアングルで挑戦する。

真ん中があいて
残った形を攻略する

MOVIE
CHECK!

４番のピンが倒れた勢いで残り２本を倒す

　正面から見ると、左側に４番と７番ピンで右側に９番と10番ピンが残り真ん中にスペースがあく形になる。４番ピンと７番ピンの間に狙いを定めてボールを投げ、４番ピンが倒れた勢いを利用して９番と10番のピンを倒す。正確なコントロールを備えていないと、４番が弾かれず９番と10番のピンを倒すことができなくなってしまう。

105

コツ +α

1番ピンが弾かれた勢いで 10番ピンも倒す

MOVIE
CHECK!

難しい位置の10番ピンは1番ピンを使って倒す

1番－2番－4番ピンが残った形に少し離れた10番ピンが加わり難易度アップ。狙いずらい10番ピンも含めて倒さなければならないので、ボールは1番ピンと2番ピンの間をターゲットにし、ストレートボールを投げる。4番ピンはボールがあたった2番ピンに続くように倒れ、10番ピンは1番ピンが右へ弾かれた勢いでぶつかって倒れるようになる。

PART
7

上達するための
トレーニング

コツ 42

自分と向き合い
目標を明確にする

消火器

自分と向き合うことで
人としての成長につなげる

　プロボウラーは、ジュニア世代からボウリングをはじめ、アマチュアで活躍してからプロになるのが多いと言われているが、姫路プロの場合は19歳でプロ入りを目指した遅咲きの経歴を持つ。そのため、まずは「手と足のタイミングをあわせたフォーム」をマスターし、しっかり身につけるための投げ込み練習を徹底的に行った。

　さらにアベレージを上げていくための技術や知識である「スペアの取り方」「レーンの読み方」なども身につけ、2年半という短い期間でプロテストに合格したのだ。

　しかしプロボウラーになったとしても、簡単に勝たせてくれる甘い世界ではない。プロになり立ての当時、プロボウラーのトーナメントに登録している選手のなかでは下位のアベレージだったこともある姫路プロは、あらためて目標設定の仕方に着手したという。

　そうすることで「どこを目指しているのか」「目指す目標に対して、自分に何が足りないのか」「足りないものをどう改善すればいいのか」。ひとつひとつを細かく分類して明確にし、解決していくことで、JPBAランキングの三冠王を獲得し、トップボウラーとして成功をおさめることができたのだ。

　これはプロボウラーとしての成功だけでなく、初心者やアマチュアボウラーのスキルアップにも当てはまること。ボウリングで上達するためには、必ず自分と向き合うことが必要になってくる。これは日常生活ではあまりないことだ。姫路プロが考えるボウリングの大きな魅力とは、まさにこの部分で「ボウリングの実力アップのために、自分と向き合うことが、自分自身の成長につながる。その成長が家族や仕事にも良い影響を与えてくれる」ということを実感している。

コツ 43 目標を明確にして アベレージをアップする

軽いゴムでできたトレーニングボールでフォームをチェックする。

目標設定を具体的にし 確実なステップアップを踏む

アベレージをアップさせるためには、より具体的に目標設定を行い、そこを目指してステップを着実に進むこと。上手くなりたいからといって、漠然とやみくもに投げ込みを行っても、確実な上達は望めない。

例えばアベレージ200という目標を決めたら、そこへ到達するために今の自分に何が足りないか、なぜ到達できないか、どうすれば改善できるかを明確にし、細かく分類し、その項目を一つ一つ解決していく。

姫路プロはこのような目標設定と計画、実行というプロセスを踏むことにより、デビューから8年で三冠をとることができたのである。

自分の考えや動きを ノートに記す

文字にすることで 考えがまとまり理解できる

　目標設定や計画、実行を行うときに大切なことは、その内容をノートに記すことである。頭の中でイメージしていることを文字に記すことで、より自分自身の考えを明確に把握することができるからだ。

　姫路プロは目標設定だけでなく、練習で良い投げ方ができたときも、その

イメージを記録としてノートに記している。ベストパフォーマンスの投球はどんな工程で生み出されたか、投球動作の流れを輪切りにし、その内容を言葉にするのだ。映像で残ったものを見るよりも、ノートにつけることで、能動的に自分の動作を理解することができる。

投げ込み①

正しいフォームを意識して投げ込む

コツ 44

投げ込みによってボウリングに必要な技術やスイングの力強さを養う。

数を投げることにより
スイングする筋力がアップする

　ボウリングのアベレージをアップするためには、目的やテーマに沿った練習が必要だ。「投げ込み」といわれるレーンでの投球は、一般的なボウリング練習のひとつ。初心者はもちろん、プロも練習として取り入れている。

　初心者やアベレージが100にも満たない人は、基本の正しいフォームを身につけることを主体に行う。たくさんボールを投げることで、スイングに使う体の筋力もアップし、スタミナもついてくる。

　ただし、投げ込みを行う際は、正しいフォームで意識することが大事。間違ったフォームでは悪いクセがついたり、ケガの原因にもなる。

投げ込み②

投げるゲーム数を把握して
ベストの状態を維持する

苦手なスペア練習
など課題を持って
取り組む。

実戦を経験してメンタルや
知識をレベルアップ

　姫路プロの場合、1ヶ月単位や1年の単位で投球したゲーム数、アベレージを計算して、何ゲーム投げたのかを把握している。少ないときは投げる数を補い、多すぎる場合は減らして自分のベストな状態を維持しようと努めている。

　フォームを改造したり、確認したり

かためたりするときは、1人で投げ込む必要があるが、レーンコンディションの攻略や経験を積むためには複数人での投球も有効な練習。

　本番だと緊張しやすいという人は、レベルが高いと思われる大会にも勇気を出して参加することで、メンタルと知識を同時に鍛える充実した練習になる。

コツ
+α

自分のフォームを客観的にチェックする

自分では気づかないフォームのクセを把握する

正しいフォームで投げているかチェックすることは、スコアアップに欠かせない。プロのレッスンを受けることも方法のひとつである。その人の体格や筋力、動作をチェックして適切なフォームをアドバイスしてくれる。

自分でフォームのチェックをする方法としては、投げるフォームを動画撮影すること。客観的に自分のフォームを動画で見ると、動きのクセやコンディションによるフォームの乱れなどに気づくことができる。誤った部分を発見することは、より良いフォームへの改善につながる。また、トップ選手のフォームを動画で見ることもレベルアップの勉強になる。

PART

8

大会に参加して
レベルアップする

コツ 45

大会に参加して
一投の大切さを知る

上級者からフォームや狙い方を
学んでレベルアップする

　好アベレージが安定的に出せるように
なったら、実力試しに大会に挑戦し
てみよう。アマチュアボウラーにとっ
てはボウリングがスキルアップできる
研鑽の機会となる。

　大会では自分のよりも上手な選手の
投球フォームを間近で見ることはもち
ろん、その選手が残ったピンに対し、

どのようにスペアを狙っていくかなど
戦術的な要素も学ぶことができる。

　また試合という環境のなかで投げる
ことは、一投を大事に考えながらボウ
リングに向き合うことにつながる。日
頃のホームレーンと違った雰囲気で投
げるのは、ボウラーとしての成長につ
ながっていく。

Point 1

試合での反省を
それ以降の練習に生かす

　大会は規模の大小に関わらず、緊張感があるなかでプレーすることができる。最初は雰囲気に呑まれ、実力の半分も出せないかもしれない。そこで得た経験を持ち帰って、以降の練習につなげていく。

Point 2

持っている技術と知識で
試合にのぞむ

　馴れたホームレーンと違う場所で投げることは、ボウラーとして貴重な経験。自分の持っている技術と知識がどこまで通用するか試す。上級者のレーンコンディション対策を参考にしても良いだろう。

Point 3

試合の中で
自分の弱点を見つける

　試合で投げることで「真の実力」を知ることができる。これは技術に限らず、メンタルや知識なども含まれる。うまくいかなかった点や反省点、弱点を理解することが次のステップアップに必要だ。

＋ワンアドバイス

イベント等で腕試しや
レッスンプロの指導も

　ボウリングには様々な規模や企画の大会がある。上級者が集う本格的なものより、ボウリング場が主催するイベントの方が参加しやすい。企画によっては専属のプロボウラーが指導してくれるものもある。

コツ46 レーンの知識を高めて対策を練る

塗られているオイルの
長さ・量・形で難易度が変わる

レーンは、どれも同じように見える
が塗られているオイルの量や長さに
よって大きく変わる。しかも時間の経
過やレーン使用頻度によっても、オイ
ルの状況は変化するので、同じスパッ
トに投げ続けても軌道が一定するとは
限らない。安定した投球ができるプロ
ボウラーは、まずレーンのオイルの状

況を理解したうえで対策を練る。オ
イルの塗られている面が短いものを
「ショート」、長いものを「ロング」、
その中間を「ミディアム」という。

ショートは軌道が安定しにくく、ロ
ングはボールが滑りやすくて難易度が
高い。この中間のミディアムが一般的
なオイルの長さだ。

Point 1

オイルの量でレーンの表現が変わる

オイルの量が多いとボールは曲がりにくくなり「レーンが速い」と表現する。一方、オイルの量が少ない場合は、ボールが曲がりやすく「レーンが遅い」という。1つのレーンでも場所によってオイルの量は違う。

Point 2

オイルの長さや量でボールの軌道が大きく変わる

正しいフォームで狙ったところに投げても、常にボールの軌道が同じようになるとは限らない。ストライクやスペアを確実にとるためには、いろいろなレーンに対応できる知識が必要になる。

Point 3

レーンの素材によって硬さや摩擦力に違いがある

木でつくられたウッドレーンやプラスチックでつくられた合成レーン、ウッドレーン上に樹脂を流し込んだレーンなど、素材によるレーン表面の硬さや摩擦力によって変化が変わる。

＋ワンアドバイス

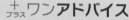

アプローチゾーンの滑り方の違いを把握する

オイルの影響がないと考えられるアプローチゾーンでもレーンの素材によっては、滑り方が違う。投球前にマイシューズの底面があっているか、スムーズにスライドできるかチェックしておく。それに応じてスライドする足のパーツを交換する。

コツ47 レーンコンディションを見極めて投球する

パーソナルナンバーからの投球でストライクをとる

　レーンやオイルに関する知識を得たら、次は「レーンコンディション」に自分の投球をあわせてかいなければならない。そのために最初の段階からレーンコンディションをしっかり見極め、高い確率でストライクが出せるかがポイント。

　「パーソナルナンバー」という自分の得意なコース・立ち位置からの投球を軸にアジャストしていこう。

　レーンコンディションは、投球の回数やオイルの乾き具合によって刻々と変わる。プロボウラーはその状況をチェックし、投げる位置を微調整したり、選ぶボールやボール回転数・軌道を変えている。

Point 1

得意なコースに投げてレーンをチェック

表面の素材やオイルの量、塗り方が違うといっても、レーンの規格自体はどこも変わらない。まずは自分が得意なコースであるパーソナルナンバーから投げてレーンコンディションをチェックする。

Point 2

アドレス位置を微調整する

得意なコースに投げてもストライクが出ないならレーンコンディションにあっていない。立ち位置をズラしてみることもポイント。「曲がりすぎるなら左」「曲がらないなら右」という具合に微調整する。

Point 3

10番ピンや7番ピンに対してスタンスとスパットを確認

ストライクをとるためのパーソナルナンバーと並行して、スペアに必要なスタンスとスパットも確認する。10番ピンや7番ピンを狙うスパットに対して、対角線上からストレートボールを投げてチェック。

＋ワンアドバイス

投球を重ねると曲がる位置や曲がり具合が変化する

投球を重ねると、オイルがピンに向かって伸び直前で曲がりにくくなる「キャリーダウン」が起きる。これに対し、オイルが伸びることで全体が薄くなる「ブレイクダウン」は曲がる位置が早くなる現象だ。

コツ 48

オイルパターンを理解して
レーンを攻略する

オイルが塗られる範囲の違いで
ボールの軌道が変化する

　レーンはファールラインからオイルが塗られ、その形状の違いによりボールの軌道や動きに影響を及ぼす。

　オイルの塗られ方は、「オイルパターン」といわれ、ある程度決まった形がある。プロや上級者はこのパターンを把握してレーンコンディションに対応する。ピンのそばまで塗られているも

のをロングレーン、レーンの半分位まで塗られているものをショートレーンという。レーンの3分の2まで塗られているものはミディアムレーンといい、一般的なレーンとなる。オイルの量が厚く長く塗られたレーンはボールが曲がりにくく、薄く短く塗られていると曲がりやすくなるのが特徴だ。

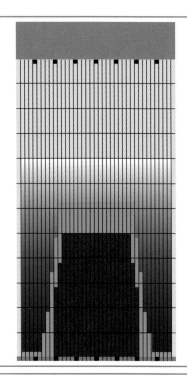

パターン① イメージ図

ストライクを狙いやすい
クラウンレーン

　クラウンレーンは、オイルの量を内側が厚くなるように塗り、ガターのある外側は薄くなっている。中央から外側に向けて徐々に薄くなるように塗られている。ストライクへの軌道が生まれやすく、初心者にも投げやすい。多くのボウリング場で採用されているパターンなので、ハウスコンディションともいわれる。

パターン② イメージ図

上級者向けのレベルが高い
フラットレーン

　フラットレーンは、レーン全体に均一にオイルが塗られ、ベタレーンともいわれる。オイルの濃淡がないのでレーンに凹凸がなく、コントロールがはずれるとミスを誘発しやすい。上級者向けのレーンコンディションとなる。投げ続けると、少しずつオイルのムラが生まれ、オイルがピン方向へ伸びる「キャリーダウン」や、オイルが薄くなる「ブレイクダウン」がおこる。

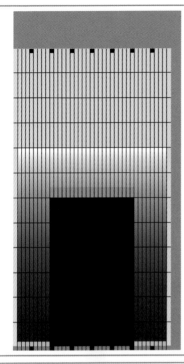

パターン③ イメージ図

急激なボール変化が生まれるブロックレーン

　ブロックレーンは、レーンの中央部分はオイルが多く、ガターのある外側を少なくしている。クラウンレーンのように徐々にオイルの濃淡が変化するのではなく、一定の所ではっきりとオイルの量に違いが出るように塗られている。オイルが厚い中央は真っすぐ進むが少ない外側に出てしまうと急に曲がりやすくなり、別名トリックレーンともいわれる。

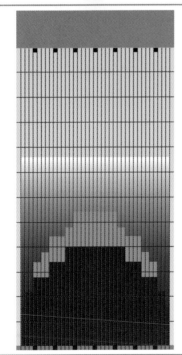

パターン④ イメージ図

ボールが曲がりやすいコンディションのスポーツレーン

　スポーツレーンはクラウンレーンのように中央は厚くオイルが塗られ、外側に行くにしたがって徐々に薄くなる。クラウンレーンよりも中央のオイルが厚い部分が短いため、ボールが曲がりやすいコンディションになり、難易度が高くなる。オイルに濃淡があるレーンは、ボールの変化がおこりやすいので、コントロールをキープすることがポイントになる。

コツ 49 レーンコンディションに あわせてボールを選ぶ

オイルに強いか弱いか ボールの性質を知る

レーンコンディションは投球に大きな影響を与えるので、その状態によりマイボールを変えるのもアベレージアップには大切だ。オイルの量が多いレーンは滑りやすいので、くすんでいるボールやソリッド・ハイブリッドと呼ばれる摩擦の強いボールを使うのが適している。

逆にオイルが少ないレーンは曲がりやすいので、光っているボールやパールと呼ばれる摩擦の弱いボールがレーンにマッチする。

レーンコンディションを見極め、その状態にあうボールを使ってみよう。

コツ 50 カバーをくすませ カーブを強くかける

ボールの表面を加工し カーブしやすいボールにする

ボール表面のカバーはレーンの滑りに密接するので、手を加えるとボールの動きを微調整できる。

研磨剤のパッドを使い全体をムラなくこすり、ザラザラにしてくすませる（サンディング）と、オイルに対して強いボールになる。摩擦に強くなるので、しっかり転がりレーンキャッチす

るようなボールの軌道になり、多いオイル量に対してもカーブを生み出すことができる。オイルに強いボールは曲がりやすいが、その分オイルを吸収しているので、投球後にオイルを拭き取り、使用後クリーナーで汚れを落とすこと。メンテナンスを施すことで、カバーの持つ力がキープできる。

カバーの加工

カバーを光らせボールを シャープに滑らせる

コツ
+α

ボールを磨いて光らせることで 滑らかな動きのボールに仕上げる

滑るように走り、シャープにキレる ボールにするためには、カバーを光ら せる(ポリッシング)必要がある。ボー ルを光らせるとレーンのオイルに対し て摩擦が弱くなるので、ピンまで勢い よく届き、奥で曲がるような"角が出 る"ボールになる。

ポリッシュ液をカバーにつけてタオ ルで磨く方法と、ボウリング場に備え つけてあるポリッシュマシンを使う方 法がある。

ポリッシュマシンはどの程度ボール を加工したいかというメニューに加 え、汚れや傷を落とすコースもある。 ボールのメンテナンスに役立つので 使ってみよう。

撮影協力　**北小金ボウル**
http://www.k-k-b.co.jp/

取材協力　プロボウラー棚橋孝太

千葉県松戸市にある「北小金ボウル」は、初心者やシニアから中上級者まで誰もが楽しめるイベントやレッスンを開催。店内にはボウリング専門プロショップもあり、グッズの購入や相談もできる。

動画付き　アベレージ200をめざす！
ボウリング　最強入門バイブル　新装改訂版

2023年6月30日　　　第1版・第1刷発行

監修者　姫路 麗（ひめじ　うらら）
発行者　株式会社メイツユニバーサルコンテンツ
代表者　大羽 孝志
　　　　〒102-0093 東京都千代田区平河町一丁目1-8
印　刷　シナノ印刷株式会社

ご意見・ご感想はホームページから承っております。
ウェブサイト　https://www.mates-publishing.co.jp/
編集長:堀明研斗　企画担当:堀明研斗

※本書は2018年発行の『アベレージ180を超える！ボウリング 最強入門バイブル』を元に、動画・画像のすべてと一部コンテンツを更新し、書名と装丁の変更を行い、「新装改訂版」として新たに発行したものです。